BIBLIOTHÈQUE GÉNÉRALE DE CINÉMATOGRAPHIE

N° 6 Série Rose

De l'Utilité du Cinématographe dans l'Enseignement

CHARLES-MENDEL, Éditeur, 118 et 118 bis, Rue d'Assas -- PARIS

www.ingramcontent.com/pod-product-compliance
Lightning Source LLC
LaVergne TN
LVHW021051050726
842519LV00003B/1110

DE

L'UTILITÉ DU CINÉMATOGRAPHE

DANS L'ENSEIGNEMENT

BIBLIOTHÈQUE DE LA PHOTO-REVUE

DE L'UTILITÉ

DU

CINÉMATOGRAPHE

DANS

L'ENSEIGNEMENT

par

E. KRESS

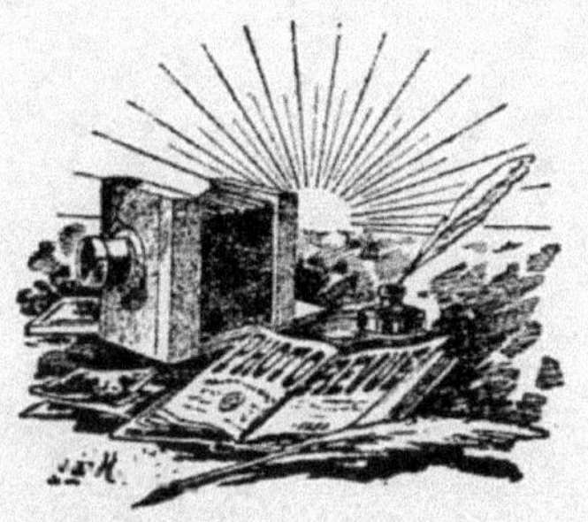

PARIS

CHARLES-MENDEL, Éditeur

118 ET 118 *bis*, RUE D'ASSAS

Tous droits réservés

L'UTILITÉ DU CINÉMATOGRAPHE

DANS L'ENSEIGNEMENT

Nous n'avons pas eu la prétention de dresser, en l'honneur du Cinéma Éducateur, un monument impérissable et nous serions bien surpris de voir accorder à notre modeste travail le crédit qui vaut à l'*Émile* de J.-J. Rousseau son immortalité. Mais sur une question aussi neuve, toutes les propositions sont permises, hors celles de systèmes intangibles auxquels il faudrait se rendre sous peine d'apostasie.

Notre siècle offre une tendance bien marquée à garantir l'esprit de l'enfant, à le garder, à le prémunir même, contre toutes ces spéculations auxquelles on accola pendant longtemps l'épithète de rationnelles, pour ce motif d'ordre paradoxal que la science certaine ne pouvait reposer en sûreté que sur l'hypothèse et sur les croyances ancestrales. Par une sorte de réaction née des

conséquences de la faillite de toutes les morales dog-
matiques, le « connais-toi toi-même » a cessé d'être un
axiome ; il est devenu comme le corollaire d'une étude
de la nature considérée et admirée pour tout ce qu'elle
nous offre de spectacles saisissants et de forces analy-
sées, contrôlées ou simplement soupçonnées.

Je sais que la forme sous laquelle j'enferme ma pen-
sée paraîtra simpliste, sinon outrancière, à ceux qui
volontiers, substituent au mot nature, le mot création.
Mais, ne voyant dans le Cinématographe que le merveilleux instrument enregistreur et reproducteur mis par
la photographie et par la mécanique au service et des
sciences et de leur enseignement, il ne m'appartient
pas de lui demander, par surcroît, une déclaration de
principes. Je m'en tiendrai donc à ce que j'écrivais
plus haut, m'efforçant, au cours de quelques pages, de
démontrer qu'il y a un programme très large à rem-
plir, en ne dépassant pas la lisière des faits et des connaissances qui tombent sous les sens.

Lorsque l'enfant franchit pour la première fois le
seuil de l'École, il y vient avec, pour seul bagage, cette
admiration native et naïve pour tout ce qui vit et vibre
autour de lui. Toute sa raison d'être est dans le mouvement, toute sa passion vers le jeu. L'enfant ne crée pas,
il imite. Il ne faut pas que les heures passées à faire le
dada et le chemin de fer, à suivre d'un œil attentif le
bouchon ou le morceau de bois au fil de l'eau du

ruisseau, soient complètement perdues. Gardons-
nous surtout d'effaroucher le bambin de six ans par
ces grands mots de devoirs, d'obligations, qui feront
immédiatement renaître en son esprit ces heures char-
mantes qui lui ont mis au cœur le désir de la liberté
sans limite. Mirage trompeur sans doute ; mais combien nécessaire à l'éclosion du sens artistique, de cet
esprit d'initiative, sans lequel il n'y a pas, pour l'indi-
vidu, d'initiation possible à la valeur de la personna-
lité humaine ?

Quelle sera donc la part du Cinématographe dans,
je ne dirai pas l'enseignement, mais l'éducation donnée
aux Tout Petits ?

Qu'on me pardonne une digression. Quelque prodi-
galité, quelque munificence que l'on mette à faire
pénétrer, par de larges baies, l'air et la lumière dans
l'École, rien ne vaudra pour nos très jeunes écoliers,
les échappées, aux jours de beau temps, vers les grands
espaces, vers les campagnes ensoleillées. Les bambins
ont besoin de bons yeux, de bronches solides « mens
sana in corpore sano ». Et je songe surtout aux pauvres
petits, amaigris et falots, qui, des asiles de misère, des
taudis, que les grandes villes nous offrent en triste
spectacle, vont à l'école qui doit faire d'eux les hommes
forts, utiles, nécessaires de demain. A quoi bon faire
défiler, sous les yeux des enfants parias, les films les
mieux réussis de paysages somptueux dont ils n'auront

jamais que le souvenir, cousin germain d'une insatiable envie ?

Ce sont, il est vrai, les Allemands, qui ont ouvert à larges portes les écoles de plein air, les écoles de la Forêt, aux petits déshérités. A Charlottembourg, près de Berlin, à Mulhouse, à Elberfeld, à Magdebourg, à Dresde, à Leipzig, nombreuses sont ces écoles buissonnières où l'appétit s'ouvre en même temps que l'intelligence. L'Angleterre a imité l'Allemagne dans ses écoles en plein air de Maplethorp, de Forest-Hill, de Shresbury. A Rome, ce sont les ruines même de la Cité antique qui ont été choisies pour enceinte d'une école sans pareille, où les souvenirs d'une époque fameuse s'évoquent d'eux-mêmes aux jeunes cerveaux pour qui tout est merveilleux. Enfin, en France, nous nous décidons à notre tour : La Ruche à Rambouillet, l'école du Vernay, près de Lyon, celle plus récente de Mortain. Heureux écoliers qui le matin, outils sur l'épaule, iront jouer à l'agriculteur dans le jardinet à eux concédé ! qui, lorsque 9 heures sonneront, iront dans la forêt écouter les leçons d'un maître sachant ne point mépriser les babils d'oiseaux !

Mais fermons à regret, comme une lourde porte, la parenthèse. Les enfants auront gardé, de leur visite aux champs, des joies de sous-préfet ! souvenirs de bruissements d'insectes, coloris de fleurs orgueilleuses ou modestes, reflets éclatants et ombres moirées ; en deux mots : musique et lumière ; lumière surtout, car c'est elle que le Cinématographe a captivée et qu'il fera revivre lorsque, la salle de classe soudain assombrie par les rideaux soigneusement tirés, une nuit factice, mais propice aux évocations du rêve, viendra rappeler aux enfants l'obscurité mystérieuse de halliers touffus.

Nous sommes à l'École où l'on s'amuse, à l'école dont le rire n'est point proscrit, étant « le propre de l'homme ». Peut-on, avec le seul secours d'écran, apprendre à l'enfant à compter, puis à lire ?

LA LEÇON DE CALCUL

Initier l'enfant aux vérités mathématiques, n'est-ce pas lui faire aimer la vérité toute simple? La tâche est rude, souvent ingrate et si, parmi tous les moyens commodes, agréables, proposés, nous parvenions à démontrer que le cinématographe peut prendre place, on estimera peut-être, qu'à notre tour, nous avons rendu quelques services.

Dans l'avant-propos d'un petit livre que son auteur, C.-A. Laisant, intitule : Initiation mathématique, nous trouvons une formule doctrinale que nous adoptons volontiers : « Par dessus tout, attachez-vous à intéresser, à amuser l'enfant, ne lui faites rien apprendre par cœur…. ; que les séances de jeu — il ne faut pas les appeler des leçons —, ne se prolongent jamais au delà de la limite où l'attention faiblit, où la curiosité s'éteint. »

On ne saurait mieux dire ; ajoutons que le Cinématographe, par sa nouveauté comme moyen d'ensei-

gnement, va nous permettre de nous placer en dehors
des programmes. Peut-être conserverons-nous ainsi à
l'enfant cette liberté que Laisant déclare sacrée et dont
nous avons souligné la nécessité au point de vue péda-
gogique.

Le baby ne vient pas à l'École sans que la notion du
nombre, du singulier et du pluriel, de l'unité et du
multiple ne soit déjà entrée dans son cerveau. Les fa-
bricants de chaises pour enfants se sont ingéniés à
placer à portée de sa menotte les boules mobiles et
polies, premiers éléments de la numération parlée.
Papa et maman se sont chargés de les faire courir le
long de la tringle et, après eux, bébé a compté : un,
deux, trois, etc.

Ne demandons pas aux parents de s'être montrés plus
doctes professeurs : On peut tant attendre de ce professeur... docile et inlassable qu'est le cinématographe.

Laisant veut que l'enfant utilise tout d'abord son goût
natif pour le dessin et apprenne à tracer verticalement
et horizontalement des bâtons symétriques. Au risque
de rendre l'enfant paresseux, nous allons demander au
film ce travail préparatoire. Nous allons faire intervenir
un truc que nous avons décrit ailleurs. Les bâtons,
grâce au procédé du mouvement américain, vont venir,
sur l'écran, se placer les uns à côté des autres, agiles
comme des clowns, auxquels on aura permis d'invrai-
semblables cabrioles. On peut du reste imaginer que

lorsque les bâtons auront été assemblés par groupes de deux, trois, quatre, etc., ils abandonneront leur position de soldats sans arme pour venir tracer après mille contorsions comiques le chiffre correspondant à leur nombre.

Il ne sera peut-être pas inutile de faire succéder au bâtonnets un nombre égal d'objets de *même espèce*.

L'enfant comprendra mieux ainsi que les chiffres représentent des nombres abstraits qui ne s'appliquent pas seulement à la numération des bâtonnets, mais à tout ce qui peut tomber sous nos sens, à tout ce qui peut être compté.

Lorsque l'enfant aura acquis d'une façon bien nette la notion de la dizaine, de la vingtaine, de la centaine, il ne sera pas malaisé de lui inculquer les notions de somme et de différence. Si on ne veut pas utiliser le procédé que Laisant indique pour l'établissement d'une table d'addition, si, en d'autres termes, on veut remplacer les bâtonnets par les chiffres qui représentent leur nombre, on pourra faire accomplir à ces chiffres de pittoresques voyages parmi les cases de la *table* projetée sur l'écran. Le professeur pourra toujours montrer à ses jeunes amis les particularités qui caractérisent la table d'addition ; mais beaucoup mieux que des explications verbales, le film saura faire naître, avec tout le charme de l'imprévu, les combinaisons numériques qui, grâce à la fantaisie de leur présentation, laisseront, dans l'esprit de l'élève, des notions désormais inoubliables.

Est-il besoin d'ajouter que, lorsqu'une explication a besoin d'être à nouveau précisée, le cinématographe peut la recommencer et que cette continuité, cette répétition de mouvements produits exactement de la même façon et dans le même temps est toute une méthode ?

En ce qui concerne la formation des chiffres par les bâtonnets, on s'inspirera pour leur confection, de cette idée que leur forme dérive de la figure ⊠.

Un point sur lequel on insistera sera celui de la valeur du O, suivant la place qu'il occupe dans une succession de chiffres formant nombres. Là encore, la forme aussi pansue que particulière du chiffre qui nous occupe pourra donner lieu à d'amusantes combinaisons ou dissociations.

En possession d'éléments auxquels l'enfant a fini par accorder le caractère de certitudes parce que le cinématographe, malgré les fantaisies qu'il s'est permises, a introduit dans leur exposé, la rigueur mathématique qui le caractérise, le jeune élève va pouvoir s'initier aux premiers mystères de la géométrie. Les bâtons, en venant se placer bout à bout, ont constitué des lignes et ces lignes subdivisées vont nous montrer ce qu'on entend par nombres fractionnaires. Il y a même tout un chapitre de Laisant sur les nombres négatifs ou positifs, qu'on pourra consulter avec fruit et qui fournira les idées nécessaires à la représentation cinématographique de leur conception un peu abstraite. Je ne voudrais pas m'étendre davantage sur la mise à profit de moyens d'enseignement qu'on trouvera tout au long développés dans l'intéressant ouvrage que nous avons déjà si souvent cité. Je veux noter simplement qu'à la projection cinématographique on fera succéder des exercices pratiques à l'aide de ces bâtonnets dont les images ont parcouru en tous sens l'écran.

Comme il faut avant tout intéresser l'enfant, on demandera aux livres écrits spécialement pour les « récréations mathématiques », une foule d'opérations très curieuses qui, pour le jeune auditeur, paraîtront empreintes d'un peu de sorcellerie.

Toutes ces opérations reposent sur certaines particularités. Elles sont, le plus souvent, d'une explication très simple ; elles permettront surtout de profiter de l'étonnement de l'enfant pour lui inculquer de nouvelles notions.

Nous remettrons à contribution les trucs du cinématographe quand il s'agira d'enseigner les propriétés des nombres premiers au moyen du crible d'Eratosthène, la division, les fractions au moyen de carrés de papier qui, sur l'écran, peuvent être montrés se pliant en tous sens. Je me souviens d'un film édité par la maison Pathé et qui, modèle du genre, nous faisait assister à

la confection de cocottes en papier. On pourra s'en inspirer, non seulement en ce qui concerne la démonstration des valeurs fractionnaires, mais aussi en ce qui
touche aux éléments les plus essentiels de la géométrie.

Le cadre étroit dans lequel nous devons nous enfer-
mer ne nous permet pas de nous étendre davantage sur
l'initiation aux mathématiques par l'emploi des projections cinématographiques. Je crois que ces projections
bien comprises rendront le même service que le jeu
des petits cubes que M. Jacques Camescasse a imagi-
né sur le plan du livre de Laisant et dont l'idée se
trouve en puissance dans le livre immortel de Jules
Valles : L'enfant.

Que d'intéressantes démonstrations ne peut-on pas
tirer de la combinaison des cubes par les moyens cinématographiques ! Quelles façons agréables et simples
de démontrer, aux élèves plus âgés, les rébarbatives
formules

$$(a + b)^2 = a^2 + 2ab + b^2$$
$$(a - b)^2 = a^2 - 2ab + b^2$$
$$(a + b)(a - b) = a^2 - b^2$$
$$(a + b)^3 = a^3 + 3a^2b + 3ab^2 + b^8$$

Nombres triangulaires, nombres carrés, sommations
sur lesquels pâlissent les candidats aux grandes écoles,
puissances de 11, triangle de Pascal, carré de Fermat,

numérations simple ou binaire (cette dernière a suggéré à Lucas le jeu de l'Éventail mystérieux tout indiqué pour le cinématographe), progressions par différence, progressions par quotient (pour lesquelles on s'inspirera de la légende bien connue de l'Échiquier), intérêt composé et permutations; à toutes ces questions le cinématographe répondra victorieusement et agréablement. Sa maîtrise s'affirmera bien davantage encore quand il s'agira de donner aux élèves les notions élémentaires du dessin géométrique. La projection lumineuse au moyen de simples lanternes nous avait déjà fait assister bien souvent à une prodigieuse et harmonieuse débauche de combinaisons de cercles formant un enchevêtrement de rosaces de toutes formes et de toutes couleurs.

Nous partirons donc de ces procédés connus et toujours captivants pour définir le cercle et son aire, les lunules d'Hippocrate. Puis viendront les volumes et leurs formules. Nous consulterons « l'arithmétique amusante » de Lucas pour combiner des scénarios qui initieront les enfants aux tracés de graphiques qui leur seront nécessaires pour l'étude de la mécanique (problème des courriers, etc). L'explication orale du maître précisera l'objet du scénario représenté. Comme exemple de ces scénarios, on empruntera à Laisant ses récits typiques : Deux cyclistes pour une bicyclette, la voiture insuffisante, le chien et les deux voyageurs.

On arrivera ainsi au seuil de la *géométrie analytique*.

Est-il besoin d'insister sur la façon simple dont le film pourra montrer comment on trace : parabole, ellipse, hyperbole, etc. ; il n'est pas jusqu'aux carrés magiques dont l'étude agréable ne portera ses fruits.

Les démonstrations mathématiques avec le secours du film seront établies de telle sorte que le maître puisse, à leur faveur, faire une courte biographie des grands savants qui ont attaché leurs noms à la science des nombres. Bien souvent, on rencontrera dans leur histoire des sujets de scénario (vie d'Archimède par exemple). On pourra les utiliser.

LA LEÇON DE LECTURE

Le cinématographe peut-il servir à l'enseignement de la lecture ? Il suffirait de jeter un simple coup d'œil sur les abécédaires, sur les alphabets mis entre les mains des jeunes enfants, pour voir combien les éditeurs et les auteurs de ces premiers livres de l'enfance ont mis de soins, d'efforts, d'ingéniosité, de talent, de luxe même, à favoriser, par l'image, les études rudimentaires du baby qui doit apprendre à lire. Il suffira donc de s'inspirer d'illustrations dont on a reconnu depuis longtemps la nécessité, et de les animer.

Pourtant le Cinématographe peut faire mieux encore. On se souvient des premières images obtenues par Demeny et de l'appareil projecteur qui eut à l'exposition de Paris un si légitime succès. Cet appareil avait un nom bien significatif « Le portrait parlant » et on songea immédiatement à lui pour l'éducation phonétique des muets.

Il serait donc facile de projeter des portraits vivants

prononçant les lettres, les diphtongues, les syllabes, (dont les lettres apparaîtront ensuite sur l'écran) et je ne crois pas qu'il soit bien nécessaire de nous étendre davantage sur la technique du procédé et sur les ressources qu'il peut fournir aux premières études de langues vivantes. Le grand avantage de cette méthode, qui met à profit la faculté d'imitation des enfants, est de leur enseigner cette sorte de gymnastique des lèvres qui les incitera à parler correctement.

Les premières lectures enfantines pourront être accompagnées de projections. Mais les sujets de ces projections seront toujours d'ordre très simple : animaux, et surtout saynettes à petit nombre de personnages tendant soit à la *leçon de choses*, soit, et surtout, au développement de la conscience, du libre arbitre de l'enfant. Les enfants battus par leurs parents, à tout propos et hors de propos, deviennent sournois, simulateurs et méchants. Le maître, et avec lui le cinématographe, doivent combattre les effets pernicieux de la peur du fouet. Que de parents pourraient lire utilement l'Enfant de Jules Vallès ! Contentons-nous donc de montrer aux enfants les résultats d'une mauvaise action. On peut développer, autrement qu'à l'aide d'*arguments frappants*, l'initiative et la bonté. Désobéissance, gourmandise, mensonge, autant de sujets de films éducateurs autrement intéressants et utiles que les contes de fées, d'où la morale est souvent absente. Comment voulez-vous obtenir de l'enfant l'horreur du mensonge, lorsque dès son jeune âge vous lui avez menti avec des calembredaines de Croquemitaine et des sanctions d'outre-temps ! Lorsque les enfants auront compris cette simple formule : « Respectons-nous les uns les autres », ils seront mûrs pour cette autre : « Aimons-nous les uns les autres. »

Nous rappellerions volontiers ce qu'écrivait J.-J. Rousseau : « Maintenez l'enfant dans la seule dépendance des choses ; vous aurez suivi l'ordre de la nature dans le progrès de son éducation. N'offrez jamais à ses volontés indiscrètes que des obstacles physiques ou des punitions qui naissent des actions mêmes et qu'il se rappelle dans l'occasion ; sans lui défendre de mal faire, il suffit de l'en empêcher. N'accordez rien à ses désirs parce qu'il le demande, mais parce qu'il en a besoin. Qu'il sente également sa liberté dans ses actions et dans les vôtres. » Et plus loin ces mots qui peuvent servir de base à l'établissement de scénarios destinés à la prime enfance ! « Savez-vous quel est le plus sûr moyen de rendre votre enfant misérable ? C'est de l'accoutumer à tout obtenir... D'abord il voudra la canne que vous tenez ; bientôt il voudra votre montre ; ensuite il voudra l'oiseau qui vole, il voudra l'étoile qu'il voit briller... et quand l'on est forcé de lui refuser quelque chose, lui croyant tout possible quand il commande, il prend ce refus pour un acte de rébellion ;

il voit partout de la mauvaise volonté, prend tout le monde en haine et, sans jamais savoir gré de la complaisance, il s'indigne de toute opposition. »

Rousseau va même plus loin. Après avoir fortement affirmé que les meilleurs raisonnements des maîtres n'arrivent pas à faire de l'enfant un homme raisonnable, il ajoute : « Les enfants n'étant pas capables de jugement n'ont pas de véritable mémoire. Ils retiennent des sons, des figures, des sensations, rarement des idées. En géométrie, ils n'ont retenu que l'exacte impression de la figure et les termes de la démonstration ; renversez la figure ils n'y sont plus. » C'est cette idée, cette objection fondamentale de l'auteur d'*Émile* qui nous a inspiré quand nous avons indiqué comment, grâce au cinématographe, qui peut présenter les problèmes sous tant de faces imprévues et diverses, on pouvait, on devait initier l'enfant aux mathématiques.

J.-J. Rousseau s'élevait avec force contre la façon de n'enseigner l'histoire aux enfants qu'à l'aide de mots assemblés. Je dois même ajouter qu'il ne comprenait pas l'histoire enseignée par le seul aspect des mouvements extérieurs et purement physiques des actions des hommes. Rousseau aurait-il condamné par avance le cinématographe qui se borne précisément à ne nous montrer en quelque sorte que la forme tangible des événements historiques ? Rousseau nous semblerait ici mal inspiré. Quels sont en effet les moyens en notre pouvoir de juger une civilisation, une époque, un peuple, sinon les indications que nous fournissent les manifestations extérieures des coutumes, des modes, des arts ?

En réalité l'auteur d'*Émile* cherche à former dans l'esprit de son élève « un magasin de connaissances qui servent à son éducation pendant sa jeunesse et à sa conduite dans tous les temps ». Si le cinéma éducateur avait à préciser la formule de sa raison d'être, il n'en choisirait point d'autre. Par le cinématographe, nous pouvons résoudre ce problème « qu'Émile n'apprenne rien par cœur ».

A ceux qui veulent mettre *toutes* les fables de La Fontaine en scénario pour enfants, Rousseau répond péremptoirement : « On fait apprendre les fables de La Fontaine aux enfants et il n'y en a pas un seul qui les entende et quand ils les entendraient ce serait encore pis. »

Rousseau n'est point partisan de meubler la cervelle de l'enfant de récits mystérieux où le miracle le dispute à la sottise. De tous les jeux, il préfère pour l'enfant les jeux de nuit. Le Cinématographe, avec son obscurité propice l'eut, soyez-en certain, comblé d'aise. « Pour que les jeux de nuit, qui développent le courage, réussissent, je n'y puis trop recommander la gaîté, que l'enfant rie en entrant dans l'obscurité ; que le rire le reprenne avant qu'il n'en sorte. » Mais Rousseau ajoute aussi « que l'idée des amusements qu'il quitte et de ceux qu'il va retrouver le défende des imaginations fantastiques qui pourraient l'y venir chercher ».

Le Cinéma, c'est aussi l'École en commun ; le Cinéma est ce parfait éducateur de la vue, ce parfait maître de dessin qui place, sous les yeux de l'élève, les modèles tirés de la nature elle-même. Avec lui, Émile aura des clartés de tout, il pourra voir à n'importe quelle époque de l'année, suivant le vœu de Rousseau, le soleil se lever à la Saint-Jean, se lever à Noël et, par là, concevoir l'idée qu'il tourne autour du monde, métaphoriquement parlant.

Émile, pour s'instruire, ne suivra pas la méthode des philosophes, mais celle des liens logiques qui unissent les uns aux autres les objets qui tombent sous ses sens. Il faut qu'il comprenne l'utilité des choses avant d'en saisir les origines.

Tous les écoliers, tous les enfants sont égaux devant le Cinéma. Pour que son action soit féconde et durable, il ne saurait y avoir des films pour enfants riches et d'autres pour enfants pauvres.

Là encore nous dirons, touchant les sujets des scénarios : « Ne voyez-vous pas qu'en travaillant à le former exclusivement pour un état de classe, vous le rendez inutile à tout autre et que, s'il plaît à la fortune, vous n'aurez travaillé qu'à le rendre malheureux ? Qu'y at-il de plus ridicule qu'un grand seigneur devenu

gueux qui porte dans sa misère les préjugés de sa nais-
sance? »

Nous avons peut-être accordé à l'éducation morale
de l'enfant une place un peu trop grande en un travail
dont le caractère doit être schématique.

Puisque, nous appuyant sur une immortelle opinion,
nous avons montré combien, de tous temps, les précep-
teurs, dignes d'un tel nom, attachaient d'importance
à l'exposé et au classement des faits, il nous suffira,
reprenant notre sujet sur cette base, d'indiquer ce que
sera la séance de projection.

Disons immédiatement qu'en tout ce qui concerne
la leçon de choses proprement dite, les Éditeurs ont
mis à notre service un arsenal très complet, une sorte
de bibliothèque du film qui chaque jour s'enrichit et
dont le musée n'est déjà plus à créer. Ce musée existe
à Paris, dans une salle d'école de garçons, mise à la
disposition de la bibliothèque Forney.

LA SALLE

———

Partout où ce sera possible, partout où une convention pourra intervenir entre l'Exploitant et le directeur d'école, on utilisera la salle spéciale établie par un professionnel éprouvé, à l'usage du cinématographe.

Lorsqu'on ne pourra ou ne voudra disposer que du local scolaire, on déterminera la distance qui doit séparer l'écran de la lanterne en utilisant la formule bien connue :

$$f = \frac{l \times R}{L}$$

$f =$ foyer équivalent de l'objectif.

$l =$ largeur de l'image à projeter.

$L =$ largeur de la projection correspondante.

$R =$ distance de l'Écran au projecteur.

Du reste, l'ouvrage « Le Catéchisme de l'opérateur de Cinéma » fournira la solution de tous les petits problèmes qui peuvent solliciter un opérateur encore novice.

Nous ne parlerons donc que de la leçon.

———

LE CHOIX DES FILMS

Nous avons dit que MM. les Éditeurs, tous préoccupés du désir de faire du Cinématographe un instrument parfait d'éducation, créaient chaque jour de nouvelles bandes destinées aux écoliers et aux adultes. Mais il est souvent difficile de réunir, d'une seule maison, d'un seul fabricant, un programme complet.

La maison Charles Mendel a comblé cette lacune, non seulement en éditant une brochure catalogue type qu'elle adresse à MM. les Instituteurs, mais en donnant chaque mois dans *Cinéma-Revue* une liste très complète des principaux films documentaires parus. La brochure est ainsi constamment tenue à jour.

Il est certain que suivant l'âge des jeunes spectateurs le programme devra varier. Mais nous ne voyons pas, pour les raisons que nous avons soulignées plus haut, pourquoi on établirait de grandes différences entre des projections qu'on destinerait soit aux élèves des écoles communales, soit à ceux des lycées et collèges. Le fond commun aux deux enseignements est très vaste ; ils tendent, d'ailleurs, de plus en plus à se s'unifier.

LA CONFÉRENCE DU MAITRE

Le maître qui fera suivre ou qui accompagnera une projection d'une conférence devra se souvenir que la conférence n'est ni un discours, ni une leçon, ni une lecture. Écoutons M. Larroumet : « Le discours a plus de tenue et moins de liberté ; il y faut une gravité de sujet et un sérieux de ton qui glaceraient la conférence. La leçon est plus dogmatique et vise un but pratique où la conférence n'atteint pas. Quant à la lecture, quels que soient en eux-mêmes son mérite et son intérêt, si elle ne donne pas l'étiquette de la conférence, elle perd son attrait propre et n'acquiert pas celui auquel elle prétend. La conférence doit être surtout une causerie et être improvisée. Chacun y apporte ce qu'il peut avoir d'originalité; mais il faut que tout orateur respecte les deux lois essentielles du genre : la première est d'être naturel, la seconde de ne pas écrire. Le conférencier qui n'a pas le don d'improvisation fera bien de renoncer à un art où il n'obtiendra jamais qu'un rang secondaire. Il y a cependant des conférenciers qui en récitant ont obtenu de brillants succès de parole... Mais si habilement traité qu'il soit, ce genre ne procure pas le plaisir spécial que donne la création simultanée de l'idée et de la parole, du fond et de la forme naissant sous les yeux du spectateur. »

On a, dès que la projection fixe eut déjà conquis l'École, établi de véritables programmes d'enseignement par l'image et, sur les sujets proposés, écrit un certain nombre de conférences types, qui pourront servir comme de canevas, de fond nécessaire du reste. Les Éditeurs de films documentaires les accompagnent également d'une notice explicative.

Quoi qu'il en soit, lorsqu'il s'agit *d'enseignement* de la *géographie*, la projection de films montrant la vie, les aspects de certaines contrées serait utilement précédée de la projection d'une carte d'ensemble faite à grands traits principaux et saillants.

Au point de vue historique, je crois qu'il est nécessaire de s'éloigner de plus en plus de l'histoire-batailles pour se rapprocher de l'histoire-travail. Ne jamais oublier de montrer les liens qui unissent la configuration du sol des contrées avec l'histoire, l'évolution des peuples qui les habitent.

Gardons-nous des scènes de pillage et de meurtres.

tout historiques qu'elles paraissent être. Préférons-leur les exemples tirés de la paix, de la concorde, adjuvants de l'essor prodigieux du Travail et du Progrès humain.

D'ailleurs certaines vues peuvent permettre d'expliquer aux enfants des lois et des phénomènes physiques. On rapprocherait habilement la vue de la tour penchée de Pise, de Landais montés sur leurs échasses, de l'exposé du principe du centre de gravité des corps. Le gymnaste sur sa boule nous permettrait de parler de l'équilibre indifférent.

Les films d'aéroplanes, de ballons dirigeables serviront également à donner quelques explications concises sur la pesanteur, sur l'équilibre dans les gaz.

Faut-il encore citer les merveilles cinématographiées de l'ultra-microscope ?

Nous le répétons, lorsque le cinématographe se sera enrichi de scénarios tirés de la vie des hommes qui ont honoré l'humanité, les leçons par la projection animée seront entrées dans un cycle nouveau. Grâce au merveilleux instrument mis à notre service, nous pouvons désormais fixer d'une façon impérissable les grandes conquêtes de la science, de la volonté et de la bonté humaines. Reconstituons le passé et l'œuvre d'éducation sera parfaite.

LES ŒUVRES DE PROPAGANDE

Partout on s'ingénie à faire du cinématographe le précieux auxiliaire du maître et de l'éducateur des masses. En Allemagne, c'est la Société d'Éducation populaire de Berlin qui, de toutes parts, envoie des propagandistes et qui a donné 180 séances dans le courant de l'année; en Angleterre, grâce au concours des grands éditeurs français, la question du cinématographe est imposée à la bienveillante attention des ministres de l'instruction publique. Il se peut que le film scolaire soit encore systématiquement et comme dogmatiquement combattu. Mais les résultats s'affirment chaque jour. En Amérique, le Cinéma éducateur a gain de cause. Il a enrôlé sous sa bannière triomphante jusqu'au président des États-Unis. Il est soutenu par une ligue puissante et par les Exploitants eux-mêmes. En Espagne, en Italie, en Autriche même effort.

Mais ne jugeons pas les résultats obtenus à l'étranger

avec un enthousiasme trop altruiste. En France, l'idée marche à grands pas. La Presse, la grande Presse, celle qui peut tout, qui peut exercer sur le gouvernement la pression nécessaire, ne boude plus le frère benjamin qui demain aura l'âge de raison, car il a été consacré par le grand public. *Cinéma-Revue* fit, en son temps, une excellente relation de la première leçon donnée par M. Bruckère à l'aide du cinéma aux jeunes élèves de sa classe de Lycée. Les instituteurs publics parlent maintenant de l'avenir du cinéma.

M. Bellan, ancien président du Conseil Municipal, a présenté en termes excellents le cinéma éducateur.

Les ouvriers aussi sentent la nécessité de demander au cinématographe un moyen de remédier à la crise de l'apprentissage. Nos amis se comptent aujourd'hui par milliers, tous unis par le seul désir d'être utiles à l'enfant qu'ils aiment et en qui ils espèrent.

DIJON, IMP. DARANTIERE.

RED. :

15

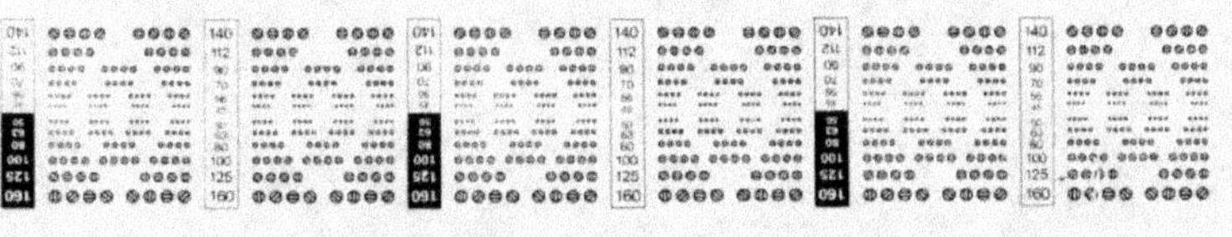

MIRE ISO N° 1
NF Z 43-007
AFNOR
Cedex 7 - 92080 PARIS-LA-DÉFENSE
graphicom

BIBLIOTHÈQUE
NATIONALE

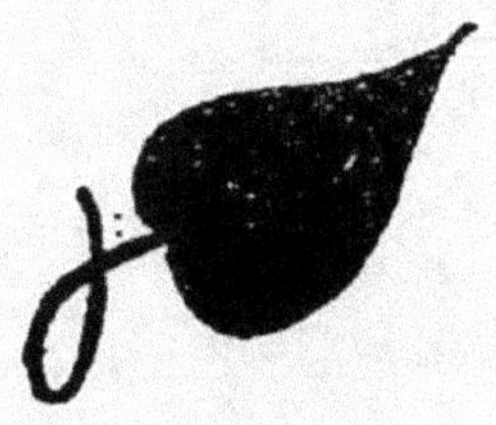

CHÂTEAU
de
SABLÉ

1991